Tulika

# हमारा अपना घर

कहानी व अनुवाद **मेघा गुप्ता**

चित्र **हबीब अली**

To childhood, that knows no failure... and to Indu, Nora, Pramod and Nishith – Meghaa

**Humaara Apna Ghar (Hindi)**

ISBN 978-93-8666-736-6



First published in India, 2018
Fourth reprint, 2026

Originally in English



Published by
Tulika Publishers, 305 Manickam Avenue, TTK Road, Alwarpet, Chennai 600 018, India
*email* reachus@tulikabooks.com *website* www.tulikabooks.com

Printed and bound by
Inkfinity, Chennai, India

“देखो, देखो, मुझे क्या मिला!”
दुलारी दौड़ती हुई आई।

दूसरे बच्चे उसके आस-पास जमा हो गए, देखने के लिए कि उसके बोरे में था क्या।

दुलारी ने उसे खोला और कुछ पुरानी प्लेटें और कटोरियाँ निकाली।

"कितनी सुंदर हैं ये!" मनोहर ने कहा।

"तुम्हें कहाँ से मिलीं?" सुनहरी ने पूछा।

“उस बड़े घर वाली बुढ़िया से, बाहर झाड़ू लगाने के बदले,” दुलारी ने कहा।

“ओहो! वो वाली! वो तो कभी किसी काम के पैसे नहीं देती। पिछली बार उसके कुत्ते की गंदगी साफ़ करने पर उसने मुझे एक फटी हुई फ्रॉक दी थी,” सुनहरी बोली।

“मुझे लाल रंग अच्छा लगता है,” दीपा एक प्लेट उठाते हुए बोली।

“वह तुम्हें कम-से-कम बीस रुपए तो दे सकती थी। हम कुछ चाय-पकौड़े खरीद लेते,” सलमान ने कहा। “इन प्लेट-कटोरियों का हम क्या करें?”

“चलो घर-घर खेलते हैं!” सुनहरी ने सुझाया।

मम्मी-पापा, दीदी-भैया, मुन्ना-मुन्नी... बच्चों ने आपस में बहस की कि कौन क्या बनेगा।

जब यह तय हो गया तो वे अपने घर के लिए दूसरी चीज़ें इकट्ठा करने लगे।

सुनहरी ने अपने बोरे में से कुछ खाली बोतलें और चिप्स के खाली पैकेट निकाले।

उसने उन्हें रेल स्टेशन के बाहर से उठाया था।

“रसोई के लिए!” वह मुस्कुराई।

दीपा कुछ घास-फूस तोड़ लाई।

फिर उसने थोड़ी मिट्टी खोदकर निकाली, उसमें पानी डाला और उसे गूँधने लगी।

"यह रहीं सब्ज़ियाँ, और रोटियों के लिए आटा।"

R
A
HOTAL

अप्सरा होटल के बाहर दीपा को कभी-कभी बची-खुची सब्ज़ी-रोटी के डिब्बे मिल जाते। कभी-कभार कुछ मिठाई भी मिल जाती।

शुरू-शुरू में चौकीदार उसे दूर भगा देता। पर अब वह उसे कुछ नहीं कहता जब तक वह दरवाज़े से दूर रहती।

“देखो, बर्तन!” मनोहर बोला।

उसने एक टूटा हुआ हेलमेट और लोहे का गोल टुकड़ा दिखाया। वह उन्हें उस मैकेनिक की दुकान से लाया था जहाँ वह गाड़ी-स्कूटर वगैरह धोता था।

फिर उसने झटपट कुछ ईटें जोड़कर एक चूल्हा बना दिया।

सलमान दीवार रंगने वाले कुछ मज़दूरों की मदद कर रहा था।

वह दौड़कर उनसे रंग की एक खाली बाल्टी माँग लाया।

उसे उलटाकर, उसपर चौकड़ी मारकर बैठते हुए उसने घोषित किया, "यह होगी हमारी कुर्सी।"

अक्षीम गत्ते का एक खाली डिब्बा ले आया। एक बिल्डिंग में कुछ नए लोगों ने घर लिया था और काफ़ी सारे खाली डिब्बे बाहर फुटपाथ पर छोड़ दिए थे।

उस डिब्बे को असीम ने सलमान के सामने रख दिया।

"और यह होगा हमारा टीवी।"

"टीवी?" सभी बच्चे ज़ोर से हँसने लगे।

SHOP

तभी रेशमा उनके पास आई।

“आज बत्ती पर किसी ने इन गुलाबों को नहीं खरीदा। चलो इनसे अपना घर सजाते हैं।”

दुलारी ने खुशी से गुच्छा लिया और उसे सूँघने लगी।

वे अपना घर सजाने लगे।

अचानक...

बादल घने हो गए और बारिश की बूँदें टपकने लगीं।

“अब हम कहाँ खेलें?” सुनहरी ने दुखी होकर पूछा।

“चलो मेरे साथ!” मनोहर ज़ोर से चिल्लाया और दौड़ने लगा। वह एक पुरानी, खटारा गाड़ी पर जा रुका।

“यह बन सकता है हमारा घर,” उसने हाँफ़ते हुए कहा।

बच्चे झटपट गाड़ी में घुस गए और इकट्ठी की हुई चीज़ों को फिर से सजाने लगे।

उस रात, कम-से-कम, दुलारी, सुनहरी, दीपा, मनोहर, सलमान, असीम और रेशमा अपने खुद के घर में सोए।